四五六七日的雪

高璨 著

陕西师范大学出版总社
湖南大学出版社

图书代号　　WX14N1306

图书在版编目(CIP)数据

四五六七日的雪 / 高璨著. —— 西安：陕西师范大学出版总社有限公司, 2014.9
ISBN 978-7-5613-7749-9

Ⅰ.①四… Ⅱ.①高… Ⅲ.①诗集—中国—当代 Ⅳ.①I227

中国版本图书馆CIP数据核字（2014）第134195号

四五六七日的雪

高　璨　著

策划编辑／	刘东风
出版统筹／	郭永新
责任编辑／	王红凯　肖立生
封面绘画／	张　宏
装帧设计／	天意图书
出版发行／	陕西师范大学出版总社有限公司
	（西安市长安南路199号，邮编710062）
	湖南大学出版社
	（湖南省长沙市湖南大学校内麓山南路，邮编410082）
网　　址／	http://www.snupg.com　http://hndxcbs.cn.alibaba.com
印　　刷／	西安市建明工贸有限责任公司
开　　本／	889mm×1194mm　1/32
印　　张／	9.375
字　　数／	230千
版　　次／	2014年9月第1版
印　　次／	2014年9月第1次印刷
书　　号／	ISBN 978-7-5613-7749-9
定　　价／	28.00元

读者购书、书店添货或发现印装质量问题，请与本公司营销部联系、调换。
电话：(029)85307864　85303629　传真：(029)85303879

序

  高璨，高挑的个儿，19岁的人生已经很璀璨了。她从9岁开始出版第一部诗集，到现在已经出版了14部书。古人说"著作等身"，现在是她的著作在同她的年龄赛跑，每一年出版一部以上的著作。

  这不，她又要出版一部新诗集了。前几天，她提出了要我为她的新诗集写一篇序言。高璨在岳麓书院读历史学本科，岳麓书院规定，每位本科生都须有教授专门指导。我是高璨的导师，当然不能拒绝高璨的请求。

  可是，我将高璨的新诗集拿过来阅读，发现很多新诗读不懂。我对她说："你的诗我读不懂啊！"高璨回答我："老师，没那么复杂。"

  我说的是实话，高璨的有些诗，我真的读不懂。我年轻的时候，喜欢读些古典诗词，后来从事中国思想史专业研究，古典诗词也不读了。近些年因为调到《地理杂志》所称"中国最具诗情画意的高校"——湖南大学来工作，天天生活在岳麓山的美景中,于是诗兴大发,开始作诗填词,并讲授古典诗词课,同几十位师生相互唱和,出版了一部集35位师生作品的《麓山雅集》。在这个过程中,我也和同学一起阅读和欣赏古典诗词,而许许多多古典诗词也不是一看就懂。

诗词,就其本性而言,即使不是朦胧诗,不用蒙太奇、意识流等手法,也往往不是很直观的。一次同湖南省委宣传部副部长孔和平交谈(他年轻时候就是一位优秀的诗人),他说:"写诗,就是绕着弯子说话。"旨哉斯言!

最近,我把高璨引见给孔和平同志,孔和平同志十分欣赏高璨的天分和成就,要她不断提高自己,鼓励她将来拿诺贝尔文学奖。

高璨走过的路,是一位天才儿童走过来的路,她用那颗童心去感知在她眼中的奇幻世界,并把这种感知用美丽的语言说出来。这是许多儿童所做不到的。儿童都天生好奇,他们几乎都在用童心去感知世界,所以他们会缠着父母问这问那,有数不清的"为什么",而父母便用理性的、经验的知识回答他们,甚至有人为儿童编写了《十万个为什么?》帮助儿童,也帮助父母们找到正确的答案。于是,在儿童的心中,一个个充满幻丽色彩的世界就变成了冷冰冰的理性的、知识的世界。与此不同的是,高璨始终在用一种童心去感知世界,世界在她眼中永远是那么奇妙。她的父母欣赏她的感知，似乎没有用他们的理性知识去改变她。她写出自己的感知，一行一行字句，没有标点，没有韵脚，当然更没有格律，一种不像是诗的诗。但这份童真，天然就是诗，或者说诗的灵魂其实就是童真。高璨一直保持这种童真，她也就天然具有了诗人的心灵。这或许是当代许多第一流的文人欣赏她的原因。

我虽说"看不懂"高璨这部新诗集，但其中有些句子真的写得很美、很隽永，我甚至有时会惊诧于她特别的想象力，如：

桥走过河流　爱上便留下了
……
地铁灯光打亮隧道
人们色彩混杂奔我而去
　　　　——《蒙太奇日记》

你从遥远的地方来
却可以那么轻
风的语言你没有学会
鸟儿的也没有

水面上你是冰的小舟
划着六扇的桨
……

舞者众多　你们都纷纷落
为天空卸妆为大地盛装
　　　　　——《雪》

古城总得有些不同
比如可以在庄严厚重的城门洞里卖菜
只怕回首误入大唐明清
比如可以在世纪前瞭望军情的空隙望见灯红酒绿
只怕当风声为霍霍乱箭
　　　　　——《城墙》

一本书页页翻阅是人生
随意翻阅是梦境
……
我的书里会不会飞出三只脚的鸟
我的梦会不会告诉我剧终的内容
　　　　　——《表象外衣》

只有夜空
使夜没有空
　　　　——《山夜》

等待迎娶的白衣新娘们
踮脚昂首站在枝头
没有绿叶的婚车上
她们的笑靥就是歌
　　　　——《玉兰花》

一个人他坐在海边看夜空黑
一片海她躺在地上看月光白

与其说是裙摆　是翅膀　是马蹄踏雪
不如说是深沉的倾诉啊
潮水从风的远方跑来
将听不懂的故事推至那人脚边
再　抽回去

用潮水作衣白浪作裳
定胜过丝绸的柔软　冰凉
胜过丝绸与微风的暧昧
　　　　——《海洋》

我突然想起蝴蝶
这暖暖倾下的阳光
仿佛由它们的翅膀构成
　　　　——《冬的光》

　　无需多举例,这样的诗句,在新诗集中还有不少。我不想解释它们。大家读了都会有所体会。能有体会就已足够。
　　我虽然是高璨的指导教授,却不想主动教她什么,怕干扰了她既有的成长路数。我同高璨约定:当你想学什么的时候,我再教你。有一次她拿着我新出版的《易经讲演录》,要求我教她《易经》,我给她讲了学习《易经》的要领,大约只用了一个半小时,她就掌握了学《易》的方法。在她的新诗集中也便融入了学《易》的感悟:

　　五爻的君王也常磨难呢

占卜者的手
解经者的舌
哲学家的眼
易经却从来都是它自己
任凭来者言语
天机不可泄露
　　　　——《魔术》

她也听过我讲《诗经》的课，之后，也将感悟写到《魔术》一诗中：

诗经说完了秘密
荇菜水中游
心上人就只在心上走
　　　　——《魔术》

高璨的诗，都像是一种心灵的独白，表现一种意识的自我或者说自我的意识，一种未受世俗污染的童真之心。古人写诗，忌"人间烟火气"，即"尘俗气"。黄山谷称赞苏轼《卜算子》说："语意高妙，似非吃烟火食人语，非胸中有万卷书、笔下无一点尘俗气,孰能至此?""不食人间烟火",在古代曾是一种很高的诗词境界。

　　高璨在成长,如今正要步入成年,这样的诗风是否一直要持续下去呢?是否要面临一种转型呢?

　　我一直认为,无论做学问或写诗,都有一种不断提高境界的过程,如九层之台,拾阶而上,步步提高。高璨写诗也会面临进一步提高或转型的过程,这种提高或转型会现出怎样的形式?这里,我只是提两点简单的希望:一、希望多从传统中吸取营养;二、希望今后的作品能向雅俗共赏的方向发展。是为序。

姜广辉

于千年学府岳麓书院

2014年5月9日

关于诗的一切

　　高璨的诗歌和散文,一向以宁静、从容和充满灵性的面貌出现在我们面前,这本诗集《四五六七日的雪》更是以一种精神符号的姿态走向她的诗性写作。

　　诗歌永远是神秘的。因为,我们的灵魂永远隐藏在诗歌背后。正如她在《给》当中的诗句:"你根本不知道要多少吨蜂蜜/才可以染出你心里那一大片田/仅仅是一片麦田/仅仅是你所有色彩中的一支/我便迷路了　简短无故而甜美/你画　画如酒香//你养着颜色/像云养着河　像太阳养着花儿/像大牧场上迟缓的风车养着吱吱呀呀的老水车……"仿佛我们朝北细听,就能听见这个诗一样的女孩,吟唱出蓝盈盈的水面。

　　此时,我们已经可以看到一个在众声喧哗中悠远徘徊的诗人形象。而要保持这种诗人经验就需要文学思想。这正是这本诗集让我们觉得触动心怀的另一个特点。

　　高璨的诗歌,大致产生于对世俗生活的警觉中。比如《风》当中的诗句:"风一无所有/忘了询问路人的名字/风的味道/随波逐流在事的味道/陈年老事　皮肤是灰/咳嗽几声　尘埃美了光束……"

在岁月的过程中，无数条路都可以把我们引向世俗生活，而在高璨的诗里，却能感知到另一种气息和直觉。那正是诗歌带给我们的魅力。

诗歌终究要和人类的心灵对话。无疑，年轻的高璨娴熟地掌握了这条路径。她在不经意中将我们的思绪带入她的诗歌当中："你知道吗/昨夜色彩来袭　却在这片草地上/迷路//你知道吗/我家的草儿绿绿的学会了飞/她说因为她看见窗外落满绿色羽毛//风　你知道吗/你说只看见我悄悄走过后/各色花儿就在春的流水上泛舟/我正从这河上走过"（《春上》）在诗歌写作过程中，支配她的力量，并不仅仅是她的文学信念和表现的激情，而是另外多于诗歌的东西，我们在高璨的诗歌当中，欣喜地看到了这种诗歌以外的东西。

在庞大复杂的现代世界中，人类其实是渺小的。就像人类需要绿色和氧气一样，我们需要诗歌和优美。那么，和诗人、和诗歌，谈谈美好的事物，教我们认识人生之美，之深邃，成了我们的必由之路。

由此可见，人类之间的共同之处其实远远超过差异，因此，我们的时代，永远需要像高璨这样年轻、青春、隽永、恒定的诗人和诗歌，永远需要像高璨这样在人生中发现美和一切的诗人和她无处不在的诗歌。

美在诗歌中，更在我们的生活中，对此我们必须坚信。别挡住我们的阳光。高璨的诗有时便是这样，帮我们拨开雾霾，看见空气和阳光。正如春天一般的存在。

关于诗的一切，惊异、神性、哲辩、思绪，以及青春少女的美好情致，在高璨的《四五六七日的雪》里，我们都能看见。

梁鸿鹰

目录

001　蒙太奇日记（组诗）
005　雪（组诗）
009　城墙（组诗）
012　表象外衣
014　山夜
016　玉兰花
018　海洋
020　冬的光
022　致太阳
024　今夜
026　味道
028　午后
030　拉萨
032　起风时

033　大雁

035　渐雪

037　草原

038　雪山

040　秋冬至

042　梦里

044　山外有雨

046　流动

048　老人

050　焚香

052　繁衍

054　萤火虫

056　海人

058　清晨街道

060　谜

062　雪迹

064　雨城

066　余光中叶落

068　四五六七日的雪
070　天上的鱼群
072　落叶了
074　童话
076　静止
078　雪声
080　春天门口
082　画
084　老照片
086　流金
088　三岁生日
090　絮语
092　小小的我
094　活着
096　雨是
098　老去
100　大地筵席
102　依然

105 回溯
　——给妈妈
107 水很美
109 一瞥遇
111 给
113 小蟹
115 被囚的龙九子
117 在地铁车站
119 夜猫
121 城北客运站
123 火
125 幸福
127 云影
129 风
131 春日
133 春上
135 河
　——给父亲

137　雨想

139　岛

141　风之路

142　偶感

144　野花

146　雨落

148　见

150　墓园

151　水语

153　天使远离人间
　　——致《香水》主人公格雷诺耶

156　中途

158　三年

161　烛火

163　雨水一夜

165　流水淘沙

167　春歌

170　君山岛

173　花儿落了

　　　　175　你

　　　178　山遇

　　　180　降温

　　　182　魔术

184　偏爱鱼

186　蚕咥

188　与雨

190　缄默

192　天黑之后

194　立夏，只想为你写

　　　　一首诗

196　时光慢慢的

198　兵荒马乱的雨

200　天上正落下硌脚的星

203　此去经年

　　　205　茶

207　白雨

209　自呓

212　广玉兰

214　不测

217　潮

219　夏不坐木

221　雨无伦次

223　虹是天上的桥

226　这世上有那么多苦难的诗

228　梦

232　今天清晨我醒在诗里

236　岁月是一条透明的狗

238　你会一直唱歌给我唱到白雪茫茫

240　何所冬暖　何所夏寒
　　　——念屈原（组诗）

253　太阳从花变火　从火变烟（组诗）

257　十二月（组诗）

蒙太奇日记（组诗）

1

他忘了柠檬树在哪里
阴影中有只走来的熊
他想起一把伞的前生
淋湿了门前栅栏
还有樱桃树可以偷食
还有稻草人可以威胁
鸟不惧人　风不避人
天蓝不语
最清澈的水里放了最多秘密
游水的爱情
湿滑的鱼背
握不紧　放不开

一堆茶树有一个公主

蜂蜜没有翅膀

爸爸是蜂妈妈是花

没有再报答的契机

碗里溶解白砂糖和彩虹

风嚼着脆的铃声

猫儿打了哈欠

月亮感冒在家

人群在痊愈

偶尔在说童话

一些场景的蒙太奇日记

2

星星是夜空远远看见的

咬开橙子　血管充盈

天黑前两只脚的鸟

一片打呼噜的叶

蜗牛触角充满好奇与畏惧

爬山虎右移一小步

太阳唇边说着雪话

桥走过河流　爱上便留下了

有人在梨树下

有枝头在开花

青草在建城堡

野花命名繁星

有鱼游过银河

风中的故事不可信

却使心动摇

飘摇的人找到的共振

波纹咽下自己　年轻了水

水小时候在原上跑

太阳咬开绳索它们就回天上

你的影子中有花香的味道

地铁灯光打亮隧道

人们色彩混杂奔我而去

流光溢彩的车玻璃感觉很轻

感觉要飞离

迅速掠过回忆

一些场景的蒙太奇日记

雪（组诗）

1

你从遥远的地方来
却可以那么轻

风的语言你没有学会
鸟儿的也没有

水面上你是冰的小舟
划着六扇的桨

你和羽毛和棉絮都不一样
你让爱你者心焦
调酒师能否调制出你的温度

他是否能与你共舞

舞者众多　你们都纷纷落
为天空卸妆为大地盛装

你与她们相似
似在大雪天频频重逢
你的不同是你消失的样子
迟疑了一瞬　遂骨骼崩塌
你们成群回家
你的不同是你回眸的样子
你融化的地方还在阵阵地凉

2

有人从雪里来
我正要到雪中去

白栅栏里没有花

苹果树上没有灯

打碎的波纹里没有碎银

月一醉不醒

她在天上的船儿倾覆了几回而不知

大坚果里有一棵树的秘密

一只松鼠的愿望

一架冬天的火炉

春天的锁孔

看得见走来的你

你从雪中走来却一言不发

你的雪究竟是什么意思

雪从童年开始不胜相似

路人留下脚印后远走却甚是不同

我要到雪中去　　回望看不到童年的足迹

雪的影子很深

我爱它不是一两年一两个冬季

城墙（组诗）

1

城墙在和平年代放风
他已望不到城的边界

他享受落雪　表情依然刻板森严
他擎着很多红灯笼　梦中的战场照了隐绰
吹角连营浩浩军师
月光下都成了影子
不在遥远时空　就在城墙内部
风雨蚁虫毁蚀不了的历史
在人言中淡了眼中薄了

说不清是噩梦还是美梦

一声马儿嘶鸣

风中划了裂口

远处钟声似缝合的线

穿插摇晃恍惚

阵阵隔世　却又响彻耳边

城墙上有些落雪

扑簌簌化入帝王陵梦

几个世纪了　雪依然落于雕栏玉砌

相映朱颜

久久未更　久久未变

2

城墙斑驳

像秋末或初春的树

最好还开些零碎的花

揉进青砖

路灯背面总是飞雪

古城总得有些不同
比如可以在庄严厚重的城门洞里卖菜
只怕回首误入大唐明清
比如可以在世纪前瞭望军情的空隙望见灯红酒绿
只怕当风声为霍霍乱箭

凡遇见必有感悟
重叠时空
我们借用了你的光荣
花灯之处旧年燃着火把
你保护的城早已易主

表象外衣

一本书页页翻阅是人生
随意闯入几页是梦境
叔本华生活在一层纸的世界
撕下皮肤
一定还能看见什么

我的书掷在生长的时空中
翻书人也不是我
秒进秒退的光线
它吃下它的父亲随后委命于它的儿子

我的书里会不会飞出三只脚的鸟
我的梦会不会告诉我剧终的内容
我的眼睛拍打世界

我的心织了件外衣

两个人的交流
实质上是两个世界的切磋
或是同一个世界的
两件外套
窃窃私语　情投意合　刀剑相向

我的篇章紧贴时间
水蛭的唇吮不到光阴的血
无法下渗
在花朵根部重生
我的外衣揉碎在别人眼里
可我不在那里

山 夜

流水的声音
雷同于风在林中奔跑

寂寞山里的夜晚
听不见灯光咀嚼夜色
迷惑于流水声的同时
一定有谁在溪边饮水
是狼还是野花

黑色火焰燃烧山夜
火焰将一切烧成空洞
飞蛾丧失了膜拜的烛火

只有夜空

使夜没有空

朝阳是一个谎言
仿佛夜晚没有来过
仿佛我只是在太阳的黑眼球中
打了个盹

玉兰花

太阳升起　月还未落
我身前身后有两扇影子
脚对着脚　和衣而睡

等待迎娶的白衣新娘们
踮脚昂首站在枝头
没有绿叶的婚车上
她们的笑靥就是歌

来不及常恨春短
某一日睁眼已是夏日

嫁予春天的新娘　和衣而睡　在土地上

她们的笑靥是归航的灯塔

春日的一切船只　都在天地间颠覆而归

海　洋

一个人他坐在海边看夜空黑
一片海她躺在地上看月光白

与其说是裙摆　是翅膀　是马蹄踏雪
不如说是深沉的倾诉啊
潮水从风的远方跑来
将听不懂的故事推至那人脚边
再　抽回去

用潮水作衣白浪作裳
定胜过丝绸的柔软　冰凉
胜过丝绸与微风的暧昧

一只鲨鱼用双脚走上岸

水尾随他上升
牙齿和泡沫和月光一样森白

沙滩椅　泳圈　简易房与海边公路
都走了
易拉罐　纸张　塑料铲与遗失的爱情
都再一次被海洋接纳

一只鲨鱼在月光下走上岸
海水点燃宁静的尘世
是过去　也是未来

那人早已如鱼儿　游向大地的起点
地球被翻新　不仅仅是大海　还有火山
是期冀　也是悲哀

冬的光

一袭光线　从窗外优雅地铺撒下来
细小灰尘从头至尾跳着快乐的舞
阳光倾洒在无人走廊
除了叶影和窗框　谁
都没有把影儿让墙看到
像轻盈的毯子
一会儿驶来嘀嗒的马车
小小的　我在童话中见过的

太阳浓重
天空没有如画笔的云朵
稀疏了它的色彩

三只鸟的影子在大地上就是一个晴天

几个人说笑着走过淡疏的树荫
谈笑声使暖烘烘屋顶瓦片上趴的一只猫
在梦中突然捉到一只明媚的蜻蜓

我突然想起蝴蝶
这暖暖倾下的阳光
仿佛由它们的翅膀构成

致太阳

天空没下完的雨
一半变成了雪
一半变成了云

小窗里没唱完的歌谣
一半变成飞鸟
一半变成如火夕阳

可爱的太阳啊
我的书桌上你的那本书翻了一半
为你写的诗还不及我愿写的一半
日复一日的你
学会不少舞蹈
我的酒窝掌纹脉搏里都有你的曲子

我还有一架很久没弹的钢琴
在窗边摆久了
再次触碰时竟开出了你的花儿

四季掠过你的长短句
你在明信片中寄给我的花儿
我觉得花园里全是她们了

多好　多好
睁眼时可以看到你
心里可以爱着你
你在这世上久久流淌似乎永不老去
我却在你的垂怜中渐渐远走

最好的事情不过如此
当所有一半的事情都已完成
你还站在那里

今 夜

夜里　拉土车驶过的声音　喑哑了星星
木纹桌前我拿笔　一只字是一只眼睛
遥远的星星的歌　安静时　比灯光清醒
却没有一首歌　能将小半页纸的诗句　变成经文

转经筒和香炉的烟颜　缕缕的　我只在今夜同时想起
寺院里的木鱼总在对我笑　我从不直视僧人
或许出于敬畏　我只看木鱼　对我微笑
在夜里你说　神秘的事　莫过于手中这支有体温的笔
夜里夜说　思维放牧了　酥油灯的味道
夜里我只听星星的歌　闭着眼睛
听不见文字从纸页上站起　簇拥着跳舞

醒来时星星的歌声已熄　舞蹈定格成为新的诗篇

你说在夜里　你有没有看见我
手指如在转经筒间抚动　在文字中和它们共舞
我没有写诗　夜里　我只记得星星的歌

味　道

天空中只剩下一颗星星
琴谱上出现三个轻音符号
泉就要逆流回石缝了
向日葵头扎入土里为背面的太阳

轻轻的轻轻的
总有些慢慢的光阴像倒流
树弯腰捡起的叶子
花儿重描的花瓣妆容
布谷鸟吞下的回声

慢慢的慢慢的
总有些轻轻的事情好像没有发生
在过去　或是未来　反正不是现在

有人噩梦惊醒后释怀
有人美梦断线后怅然
选择不了月的两端
只能远远看着
倒是可以躺在草地　伏案窗前　或用望远镜

还是有人在弹轻轻的慢慢的歌
月亮刚走了
窗台上还有湿的月色
有人蘸着月色走远
他的背影有星空的味道
但是却走的好像比星空还远

午 后

太阳在烤一片鱼排般的云
云底下八九个稻草人守着一小片田
收割后无所事事
没有瓜子可以磕
也没有话题值得提起
躺满梯田的山上青黄错落
从山顶蜿蜒而下的
除了溪流　　还有羊走的小道
一个人牵驴从山上下来
他哼的歌是驴最熟悉的
但烤不熟的鱼排
最终成羊溜走滚落山顶
低缓的山坡下　农人一弯腰就是半天
像只喝水的牛

太阳在赶路
他的马儿们急着归家
渴得很

拉　萨

朝圣者说拉萨是信仰匍匐在人间
布达拉宫是神秘来自前世来生
太阳点燃金顶史诗
炽热的浓浆淌入每一盏细小窗口
唯独缺了达赖六世的那座
世人心中却为他建造了千万座
曾在拉萨河中揣测
在雪山融雪中惋惜
在转经筒的频频侧身中寻觅
终是以一种魅惑于布宫的姿态遁世
千万年前的阳光
终于安眠在千万年前的殿里
信徒双手微拢合十
一祷就是千年

若抽丝般剥离拉萨城
全是经文
构成血液　骨骼　脉搏
构成山川　河流　草原

起风时

起风时　一些鸟儿从地面飞起
一些叶儿从枝头落下
我分不清风的方向

起风时　一棵树上
夭折的在继续夭折
叶子们的一生比我想象的坎坷
比我想象的更单薄
更容易溺死在风的指间

大　雁

天空中飞过很多大鸟
水中站着许多
更多的立在冬天冷峭的树上
穿黑袍子的人
保持间距　为思想留白

火车有时嘶鸣着开过
他们不为所动　眼睛也不眨一下
铁轨的局外人
只听到了不一样的风声
铁皮味与水不同

用一两个音调沟通
两三个音色划分族群

三四个音域可以唱一首歌
四五个时辰就站累了
从树上下来
羽毛的外侧沾湿了水
黑的眼睛望见白茫茫的雪

渐 雪

十二月从雾气中走来
或云　或雾　都属于远方
迁徙的日子　人间多了条河
阻隔目光
少了条芦苇的白颜
否则就听得见野鸭　大雁

十二月慢慢变成十一月
像夏天慢慢变成春天
是位置的代替　而非倒流之岁月
冬天代替了秋站在这片土地上
唰的一下　大地就顺着暗流凉了
渐渐凉了

这世界的玻璃上睡着太多雾气
还无霜

转眼间便听见落雪

草　原

路过一片午后消遣的草原
初秋的草色被称为初秋的草原
牧羊人在羊群中消失
落满羊群的山像空中游满星辰的河
公路像草原的风一样笔直
路边褪色的旗子
像大风中行走的阿拉伯人
时而觉得
草原和海洋一样觅不到尽头
时而又觉得
草原的尽头
有时是山　有时是天空　有时还是草原

雪 山

雪山
原是云累了　就坐下
原是滴落的月光在过冷的夜晚凝固
原是一个孩子收集星光的瓶子
原是冬季的老屋子
它和其他山站在一起
站在牛羊一抬头就能看见的地方
和青草一样不可或缺
河流中棕黑色石头
另一些逆流踏水的牦牛
看着远方头戴白纱的新娘
它们说并不知道她嫁给了谁
只是草原上那么多片湖
都是草原的眼睛

终日明亮而温柔地望着她
四季因爱情短暂
做草原的新娘
她坚定静默地相依
任凭流云流去世纪

秋冬至

谁也不知道在云的步子外
还有什么会轻声到来
不知道还有什么
在雨的马车外切切离开

树的枝干是弯的　　叶子是碎的
秋天是绿的
水的波纹是轻的　　倒影是薄的
秋天是冰的

遮阳伞合上就开了雨伞
花儿总是一季一季地开
大地的窗子却一扇一扇地换

到最后毛茸茸的事物都嚼着冰
温度如收翅鸟儿　骤降
旧年的棉絮伸着懒腰走出衣柜
在风中暖暖地忆着在树上的日子

世界静静的
在那儿我遗失了一首诗

梦　里

身体薄得像一片纸
风一吹　飘了起来
飘出过去多少本厚厚的日历
飘出一条长长的画廊
画廊的两侧
人都像照片一样贴在时光的日记本里

身体薄于冬日的阳光
风停了　就落下
落在曾经采过蒲公英的地方

梦醒后　风不知是吹还是停
我并没有跟着起飞
照片与记忆总喜欢在我的梦中

演绎它们如何被时光牢记

而日历渐渐厚了
画廊愈发长了
梦会不会也这样变得漫长了
那样会飘多久呢
梦醒后　日子却越来越薄了

山外有雨

山外有雨
风中带着云和水的喘息

睡莲开了又开　仍是同一朵
两翼的袅袅红金鱼　水中炊烟
屋舍已备好菜肴和回家的路
是该听见舟桨　还是驼铃

花开在两步之外
我该怎么去？

天在蓝它的眸子
水在淌它的心事
有昼　有夜　又一日

月亮的圆缺中我挪不开步子
怕光亮是退潮的海岸线
也怕暗从沙砾中溢出
染了我的白裙子

居住在草的房间　　总觉得清凉
偶遇风的牧场
发丝中有多少野马的灵魂

流　动

水的流动　不是一种状态
而是一种习惯

也许　水走着走着
就停不下来了
而山　休息着休息着
就不再想动了
有时风来
山上的树在奔跑
山却无法移动

风停时　我在重叠的山峦下
亲近一条小溪
历历在目山上的树

纹丝不动
仿佛永远静止的山
使我疑惑水为何流动
为何永不停息地对石头说着情语

山静悄悄
将石块嵌入心中
它什么
都不说

老　人

老人拄着老拐杖
小心翼翼避开童年时燃放爆竹的残骸
他佝偻试探着在拐角处等一辆还很远的车经过
目光浑浊揉进了沙子取不出珍珠
他小时候门外的树很低
他老的时候门外的树又高了一截
从不刻意回忆但已生活在其中
吃饭时牙齿没有拐杖走得更慢
喝水有时磕绊有时空荡
仿佛了无牵挂地落至身体底端
透过他的眼睛望不到更远的地方
最远处不逾走得最远的那个女儿
最近处还是已故老伴的咳嗽声
院子里摆花圈时他颤巍巍地走过像经过邻居

他走路的背影像静止

人是一幅画

决定不了如何落笔却总有最后一笔仓皇

焚 香

余音绕梁
如果不是无声
那就是鹤唳
丝竹声

凭虚御风
如果不是没有人
那就是独舞
双人舞

眼波流转
如果不是在为出世修炼
那就是笑靥
温柔

遗世独立

如果不是在涣散

半空的水面还在精制涟纹

香已千里迢迢传教

身体通透

骑马从西藏某寺再次归来

繁　衍

一个孩子跟在大人后面　看一条木船
孩子走时　船也走了
孩子长大了　船也搁浅了
河依然是河　叫着同一个名字
浸润着同一片古老的河床

草都结籽了　花儿都开了
燕子年年飞走年年归来
河边钓鱼的人还没钓满一桶
鱼儿还没长大　再等等吧
再等等　石头就会浮上水面
唱太阳的歌

我怎么会说　河边枯树上落的那只喜鹊

像风中的一尺黑布条
那里过去曾有人家?
只用风能听懂的讯息交谈

然后是桥　再然后是路
雾从诞生起便在梦里

突然想起老水车
将尘世的水翻在来世的地里
像人类的繁衍

萤火虫

只有在最漆黑的夜里　才能够
看见萤火虫的小灯
不像星星　不像蒲公英
只像它自己
失去重力的雪花　在无风的冬天
淡淡地向上飞

只有在最温柔的夜里　才能够
看见它的闪烁
尘世第二种心跳
默默的歌却无寄处
夜路上诗意不可保留
一闪　即过
然而风是醉诗的

它走来它的长短句的步子

不记浪漫

只有在最安静的夜里　　才能够

看见萤火虫没有看我

也没有看自己

它与自己的光相爱

千山万水　　只携着它

无心进入风中

或夜色里

海 人

我无法阻止潮汐　夜晚
海边城镇的光像火垂死在白纸边缘

站在浪里
脚下仿佛踩踏最牢的沙却在最明显流走
一个趔趄　失去时的通病
没有摔倒是因为此物不必要
沙像日子中许许多多客者

不长久驻定的是客
变幻莫测的是尘
流转不息的依旧是轮回中我的妄见

海在远方出世依旧受明月引唤

菩提子不言家中事
在自然中长成　在神化后贩卖

潮汐是地球的脉搏
它舞步不息
人性缔造社会
它还在圆谎

清晨街道

清晨的街道空荡荡
麻雀都没有醒来
一只狗和一只猫偎依地睡在
谁家的门口
对面的路上另外两只狗
一前一后　走走停停
它们也许相互认识　也许不认识
它们没有打招呼　摇尾巴或狂吠
这街道是属于它们的城市
我也被拟人化了　在这个干净的清晨

路边昨日滚落的西红柿
像一个自然而然的摆设
不需要被记起　不需要被忘记

街道安安静静的没有鸟鸣
没有开窗夹杂人的咳嗽声
没有车疾驰过的声音
只有路灯一盏盏依次熄灭的声音
被我的呼吸声隐匿

谜

大风刮了一夜
总觉得窗外有翻书的人
我以为收到雪的讯息
她却在别处降落
小时候猜过许多谜语
后来在诗里讲给别人
但最大的我的谜底　翻书也找不到答案
大风大抵被众多谜语所困
季节　温度　人群　世事
它四处奔走
可我的窗外没有你需要的书籍
我只想看一场雪的飘落
只想看一季有雪的冬日
最后才知道风只说了一个谜

可惜我又猜错了谜底
才知道原来真正的谜用来期待

雪　迹

一个冬天的遗憾
莫过于立春后开始下雪
这是第三场雪
熟练　从容　时断时续
老式唱片边走边歇

历代从不缺对雪的比喻
可惜柳絮并非因风而起
撒盐空中也大抵消雪患冰
用旧了比喻
有时是酒　有时是毒
可雪依然是雪

鸟儿从雪上走过

没有穿鞋

阳光的浪潮无声无嗅

缓慢地削弱痕迹与气息

这些从心上走过的足迹

至今仍在空中漂浮

有时变成雨

夜半门外才似有归人的脚步

雨　城

我在今夜遇见雨
风像一种花色　兀自呼吸
寂静寂寞的花朵　穿着柔软的冷意
从溪流源头处升起　向城市走来
城是山脚下的城　是窗外的一片城
她来时窗子开着
她来时带着雨带着星光

后来她没有回去也没有住下
雨一直在窃窃说着清淡的话语
我躺在床上像船漂在水上
一舟漂过还有一舟
一夜漫过还有一夜
雨越拥挤　天越空虚

风将湿的外衣晾在我的阳台
那时窗子开着
那时一滴冷墨　突然滴入梦
晕染了远方的一座城

杳杳钟声只在雨中这座城

余光中叶落

余光中三瓣的枫叶在落　如雪

同样遮天蔽日

同样有人扫拾

同样不知何时怎样消失

只是更有棱角和色彩

木窗棂　黑浆果　麻雀振翅

高凭栏　金瓦楞　门里门外少人行路

鸟叫　初阳　初雪

沉了夜幕　逃了星光点点

再晚些书院前门就锁了

从山上绕行时　只识得

此时风　彼时风　共月生

潮潮潮　离海太远
余光中大片叶落
想不起乡愁

四五六七日的雪

落云成雨
落什么云才成雪呢?

一日相见如遇惊鸿
愿为之腾空整个世界
栖息之处只怕有风经过

二日相见雀已二跃
肆意奔走　不相告
脚步自有舞点

三日相见
屋里望屋外
感受寒冷的全部好处

四日五日六、七日
相见而忘却
落云成雨
落什么雪成雨呢
四五六七日的雨

只是还没有伞
路上结冰了
要避着走

天上的鱼群

月亮站在河里
雪白的脚丫
灰脊背的鱼儿
盖着水的被子

野草夜里聚会
空举杯　再干杯
混淆星光与月色
这两者我也向来分不清
天海浩渺
就像从来无法辨认游过耳边的
是风
还是鲸

天上的鱼群
你们有没有见过我高高的风筝

你们的水面在云的哪一道门
极光显现时你们在溯流而上
还是逆流而下

我窗外有一口鱼缸
两条地面的鱼儿
你们逆流人间时
请不要讲海洋的故事

落叶了

一棵树　又开始落叶
脚下的叶　令我想起上个　上上个秋天
叶子像燕子　暖暖的风
追逐温暖去了另一片土地

冷冷的风　开始笑了
它干枯了窗边一些飞蛾的生命
纷飞的翅膀日益减少
正如远处一团烟雾　最后被天空吞噬了
这天空蓝蓝的　云朵却没了形状

云朵没有走动
当我再看向它们时
也许是我的记忆移动了脚步

草很寂静风也很寂静的院子里
一只狗乖乖卧在那里
我想叫它的名字
一片硕大叶子落它身边
比我更先引起它的注意
比我更先说出秋的名字

童　话

你如果愿意
可以在结冰的湖中央
那片落雪上建一座轻轻的小屋
寻灯火者不见蜃楼

海上的市场　你说会卖些什么
浪的帽子　潮的裙子　海的数不尽的
蓝眼睛

你如果愿意
每一棵巨大芦苇都是城堡入口
穗状的旋转楼梯
倒影里你一定会惊叹自己的长裙子
直抵水面

倒影里每一棵芦苇都着长裙
摇曳成野雁的神秘园

你如果愿意
可以跟着雪地上鸟儿的足迹走很远
再寻着风中轨迹
飞落枝头它的身边

可我听不见你的回答
童话在心里　携带着上路
却不能开襟而居

静 止

一些鱼静止在水里
像色彩静止在画里
落叶　静止在风的忽略中
想起鸟儿的小脚印　被雪的宁静记住

我想起一些画笔静置桌面
想起前年的野菊花　一朵　两朵
在暖洋洋的光线里没有舞蹈
今年的冬　吹过的风　一朵或两朵
冬天的脚步还在我身旁
只是发丝动了动

我看见的鱼　突然一摆尾
突然感觉屋外原本静止的梧桐树

也一两片地落叶了

突然想起这个静止的冬
在极度的宁静中　　也快落尽了
像雪总是在宁静中融尽

我听见
那些静止的日子　　一只只开始动了

雪　声

雪是小路的声音
从下雪到现在　还没有人走过
或是人已走过一段时候
它试图友善地与人类交谈
也只说人类自己的事情

雪化之后小路再次失声
据说是为了方便赶路者
它日日夜夜躺着　它的眼睛在看夜空吗
它是村庄与村庄间的桥
它默默消受世界的孤单

人们总认为雪后的世界不同
凡雪落处皆有灵

下雪时世界很安静

可处处歌声　来自往往沉默的人间摆设

春天门口

春天
若有花朵站在门前
她可能是春的
一滴指甲油
和得太稀
滴下　溅开成花瓣

春天
若有人从门前走过
她可能是雪
来寻她遗失的一片薄荷
你看着她在阳光中模糊远去了
门前升起春色

要留心冬眠醒来的土壤

同你问好

在春天门口

画

颜料未干
蜜蜂湿了翅膀
鲜花满园
酿不出一滴蜜
着光不暖　流水不寒
画纸上的是心
不是风景

画在眼睛里
不在世界里

若鸟儿执笔绘图大地
最可爱的莫过于落脚的树枝
地上的面包屑

春天叶子是绿的

冬天叶子是自己

鱼的画在水里

天上常是涟漪

云的流动像一支歌

老照片

人在相片里长得飞快
山水都还没老

似乎我只在照片里去过很多地方
童年的我眼睛很大很亮
看得到远处的飞鸟
看不到相册外的十几年

若明日在街上遇见
我还能认出她吗
对她讲的不要做错的事
她又会听吗

只是无法释怀爸妈的青春

怀里抱着我
手中牵着我
眼中爱着看不够的还是我
我长大的时候静悄悄的
他们变老也是静悄悄的

流　金

我不想用金色形容阳光
那样的形容都生了茧
（金色的蚕茧）
但我不得不这样形容
因为找不到更恰当的描述
清晨的道路两边
阳光在梳洗
那些未发芽的枝干也沐浴
金色的枝条仿佛会纷纷长出金色的叶子
仿佛会飞出金色的鸟儿

我希望其中的一只
可以落在我的肩头

阳光在梳洗
从远看一个镀金的小人儿
在疏松的流动的金色液体里
满满淌着

我这样说并不矛盾
用流动的液体形容金色的纯正
正如用疏松形容
那个小人儿走在阳光里的惬意

三岁生日

三岁生日那天
我穿着蓝点点的连衣裙
（这正循环为今年的时尚）
双手合十
站在小伙伴中间和蛋糕面前
那时的蛋糕上只有三支蜡烛

亮亮的火依然在纸质相片中燃烧
风吹不动
就像我站在相片外　喊
我的名字
那正低头许愿的我　不会抬头

我已忘了许下的愿望

生活或许已帮我实现
或许已帮我遗忘
老老的老房子
旧旧的书还在
愿冰箱打开还有美味佳肴

三岁的愿望还没许完
十八岁的愿望都记不得了
十八岁的生日还没留下照片
十八岁的人儿又继续向前走了

其实被叫住的人是我
被三岁生日那天
雪一样白的孩子

絮　语

花儿在大风中鲜艳
我看见自己将明亮的灯盏
放入黑夜的湖里

柳条的嫩
是最纤细的那支毛笔
蘸绿误入宣纸

关于春天的那扇门
桃花胭脂进去
柳叶眉跟着进去

他们说春天是个美人
就差轻柔的嗓音

我躺在草地却看见

尘埃也带着绿

且有比尘更轻轻的絮语

小小的我

小小的我很小就开始弹钢琴了
那时钢琴很大　琴键很宽　琴凳很高
小汤姆森的乐谱很长
如果树的年轮记录阳光的偏袒
我的骨头里定有琴声的共鸣

小小的我很久之前就不弹琴了
钢琴越来越小
再　越来越大
弹琴的乐趣
在不弹琴的几年被了悟

海里捡的贝壳掉在沙滩上
它也不一定赠我小螃蟹

看来最慷慨的是岁月

小小的我打开琴盖
小小的琴安静乖巧
听得见血液中共振惊涛骇浪
所以我现在弹的每首曲子
都在努力平息大海潮
（钢琴是月亮）

和她走丢的那些年
我也似与自己走丢了
不说重来那些光岁
只是手指要听得见琴声
看得见黑白键的情诗
从今天　到明天
明天的明天
小小的我大大的明天

活　着

对面楼上只剩一两盏灯亮着
天上星星只剩几户
有人在梦里醒来
有人在梦里做梦
有人睡不着凝视窗外
月亮一个就足够
可仅有的一个也熄了灯
云的被子很厚　盖多久会暖和
月光是月亮垂下的湿漉漉长发
从此草叶结霜
猫头鹰半夜进水进食

我是一个半睡半醒的人
落笔沉眠提笔清醒

下句诗要怎样说话我猜不到
诗句脸上的红晕提醒我
它们渴望活着
从稿纸跃向空中然后永远生活漂浮在
云的翅膀花的眼神中
雨的喘息雪的穿行中
日的弦月的弓上

诗句想活着
所以我的灯最晚睡
我的房间是最后那颗星

雨　是

雨是一个湿漉漉的早晨
是伞有了自己的路
云有了自己的最低处
天空是暗的
夜味是浓的
草腥味是醒着的

雨是一个无阳光的上午
窗玻璃流着泪
看不清远处
瓷砖的窗台是凉的
湿的脚印从门口绕进来

雨是一个冷湿的下午

窗玻璃上的乘客有雾　还有手指
走过的　桥　有风掠过
白纸失足落下　水迹有了某处归宿

雨是一个雨停的晚上
月不明星稀
窗台上谁人遗忘的伞
叹息声在窗上显现出光晕
远处的马路上有灯
车轮间有水

老 去

原来我站着喂鹿

站着喂山羊

站着喂天鹅

现在我蹲着喂鹿

坐着喂山羊

趴着喂天鹅

小鹿抬头看我

其实我没有它想象的那么高

我的心还在童年的那个位置跳动

我伸出的手还是童年的愿望

在我的眼睛里还能看见过去那片草地

只是时间跑过去太吵

它的宣布要所有人听到

老人后来似危楼
抵不住轰隆隆的光阴脚步

是否当我老去
可以再次站着喂鹿
站着喂山羊
站着喂天鹅
我要养一只老狗
不仅仅是因为佝偻的身高拉近距离
还有都再不受时光恐吓
因为能变化的不多了
亦得亦失
一盏小灯还是天明关了天黑开

大地筵席

郁金香的杯盏
只举在大地筵席上

大地从不饮酒
杯子摆在那里
盛着自己
盛着自己的色彩和花蜜

大地的筵席从来不会散场
那些蝶儿　蜂儿
来了又去　去了再来
无数次重复春日的相聚

人类的眼睛看到

郁金香的杯盏
只举在大地筵席上
大地却看见
自己邀请的客人到齐了

依 然

口琴声总牵马
回长亭古道
我是跟着马儿回到
别人的童年?

我的
依然
挂于上弦月的犄角
在云影边缘的草尖上摔倒
花瓣拆散自己组装不上
摆动钟表报时
萤火虫下雪
在木桥缝隙看水
石头别住流水的长发

柠檬说菠萝很酸
彩色小鸡叫了一夜

我的
依然
跟丢失的拉布拉多流浪
陪未成年的小孔雀长大
学鹦鹉吵闹　和
扑腾翅膀
镀金房檐被太阳收藏
流出泉水哭累了野花
一块青苔在行走
鱼在歌唱舞蹈的年轮
树在长大
记不住云的名字
记住了雨的
雨和鱼接吻
涟漪不矜持扩散

漫天新闻都是恋爱

我的
依然
远远的远远的远远的
跑着欢笑着舞蹈着
我的
不是别人的
童年
近近的近近的近近的
外衣掀开
靡花靡夏
靡凋零　靡盛开

回　溯
　　——给妈妈

光打点回城车马
妈妈很美丽
她的背后是海
微笑光亮
长发飘飘和浪是一种形状

光打点回城车马
妈妈很美丽
她当记者时周围有人群
人群目光不在罕见的长镜头
也不在接受采访者的显赫

光打点回城车马
妈妈很美丽

她身后的墙上有她的照片
我不知该选哪个珍藏

光打点回城车马
妈妈很美丽
她在花丛里我想问她的名字
她坐在桥上望见止水流波
她脚下的路平整光滑
任背后山高谷深
她站着　风就轻轻轻轻

光打点回城车马
本禁止青春的相随返程
却似特批了妈妈的车辆
小麦花在生长
妈妈很美丽
妈妈的美也在生长
于我心中眼中攻城略地

水很美

水很美

那天她从荷叶上来
睡莲梦醒的姿态
清晨　我曾走过

那天她从太阳上来
伞是会呼吸的色彩
她只顾落地那一刻音色
清脆柔婉
小路　我曾走过

那天她从火中来
炽热的肌肤生长在我绿色水杯中

溶解冰糖如溶解墨汁
幻　妖娆

水很美　那天我从水中来
那天天轻轻的
水很美

一瞥遇

十八只野天鹅暮色中的背影
被润色成一条结冰的河
河的上游可以看见
下游走来的人
下游走来的鱼
下游走来的　云的倒影
开春了才能看见自己天上的云

愿孔明灯长明
却总有些　在目光可及之处
燃烧　熄灭　陨落
被月亮点燃算是万幸
月亮的冷火
青烟笼罩山峦

冬眠的树终于成为

最安静的月台

友人秉烛

友人昙花开

友人落雨未伞

友人薄画炊烟

友人漫迹天涯我只取一瞥遇

一条结冰的小河牵住大海

给

你根本不知道要多少吨蜂蜜
才可以染出你心里那一大片田
仅仅是一片麦田
仅仅是　你所有色彩中的一支
我便迷路了　简短无故而甜美
你画　画如酒香

你养着颜色
像云养着河　像太阳养着花儿
像大牧场上迟缓的风车养着吱吱呀呀的老水车
老水车弯腰舀水洒在草原上
草原上开着一大片野花　　开了好久
你安静站在那里 也微笑好久
风牵不走的你　你的纸由你构成　你的指由笔尖

构成

然后你可以生活在水里
你的微笑吐着气泡
你可以生活在一条彩鲸光滑的脊背上
你为自己画了一座游乐场
你还曾和我一起住过吧
在那一片变成海洋的地方
我们看着海腥味过来跳舞
看着巨大的海豚跃出海面时被启明星割伤
它流着泪为我们留下一座城
去看看吧　我们曾在那儿住过
风轻轻的天轻轻的我们现在站在尘间
我们笑着我在你的画中想起一整座空城

小　蟹

清晨　乳白色沙滩上
遍布浅棕色小沙堆
像清晨起来　掀开
却忘记叠好的被子
它们来自一大群一大群的小螃蟹
在黎明之前翻开湿润沙层
奔向自己拥有一生的海洋

这些兄弟姐妹们不知道彼此名字
只知道横着爬　全都横着爬
尖尖小爪子在沙滩留下
成千上万指纹
无人采集　为它们留下档案

它们似乎急切地开始生命旅途
也许在途中会与自己的妈妈擦身而过
也许不久后就下了旅途列车
也许学会捕鱼和珊瑚虫
也许年老时趴在海底淤泥上
突然想起自己和兄弟姐妹在沙滩上
掀开的那些没有再叠好的被子
心情会不会和我一样
和我这个站在沙滩上的旁观者一样
看见一群一群小蟹不假思索地
如浪潮般涌入浪潮

被囚的龙九子

龙在地面上有被囚的九子
在动的岁月里处处凝固

囚牛好乐于琴头却终日不歌
睚眦喜斗必报不为己
狴犴好讼看惨淡了人来人往　事去事留
狻猊喜烟隐居香炉败了驰骋烟云
饕餮好食尊于餐盘却贬于成语
椒图温顺衔环守夜不闭目不成眠
赑屃气大也无法搁置身上碑铭
螭吻张望于檐角看腻了远方同一处风景
貔貅吞了金银赎不了自己
尽是獐死于麝的典故

龙之行迹不可追踪
鳞片闪着光扑朔阴影
他地面上被囚的九子皆囚于美德
在动的光阴中厌倦信仰

被囚的九子　还没有成家
不得言语　没有二心
龙还在自由翱翔

在地铁车站

我看见了面容相像的人
于某一节地铁车厢

轨道下积水
最早的预言家
远远的车
细细的水波颤动
远的车
水面从一边开始
染指光亮

相隔厚的玻璃门
广告的光只叫醒局部
从远处来的列车

似乎能带我去不同世界

亮的车厢在漆黑隧道奔驰
彩色光阴划过岁月软管

车门打开
一些人换掉另一些人的光阴

闭目养神
风飕飕明暗交替
一把麦子撒落
朝阳中摇曳人群窃窃私语的秘密

夜　猫

黑的　白的　条纹的　斑点的
猫
在漆黑的院子里
借着月光反驳黑暗
走得小心翼翼　跑得小心翼翼
并非为了躲避人类
只是害怕被黑暗绊倒

它们与暗夜是那样协调
像夜一样轻
一样路径诡异　消失在一丛树木中
怕黑的人　说猫
与暗中的蔷薇花叶子或玫瑰的刺
很配

斑点的　条纹的　白的　黑的
猫
白天　在阳光下慵懒
每一只都那样柔软　温和
仿佛不曾在黑夜里走过

一只黑色的鸟从天空飞过
一只猫软软地动了一下　回想起昨晚
似乎空中　月亮也曾这样掠过

城北客运站

雨夹雪
228路公车
徙至城市北部

它要去的公园南路南站
中途有我现在　和过去
熟悉的楼下
记忆中添不得白墙红瓦

雨夹雪
温度打斗　地面湿冷
应故意忘记　还是带上
伞
星空和着流星

火焰跃动火星
流水击石而鸣
都没什么不同

要走了
要到处看看
一条公交车我只熟悉其中一两段
在别处遇见了我们还是陌生人

它随我迁徙城北
客运站里没有客
都是归者

火

肤浅的河没有名字
火是竖直的河中流动的水
火焰　很多翅膀的鸟儿　不飞
歌声在距离和灰尘中稀释
火的爱人是氧气
他们的爱情令他振奋　也令他窒息
埋在风里的魔鬼的眼睛
黑暗中大天使的名字
火不在树上结果子
花里没有蜜
飞蛾的旧情人
热烈得致命
三只白兔找到了萝卜
埋起来冬季储存

却发芽了

还开了花

火埋在地下是有泉的

泉水常暖常爱情

太阳的呼吸

蜡烛火柴皆是小小的叹息

他沉睡的夜晚森林奔跑起来

不需要一朵云　他自己识字

无数可能的父母亲

悲伤的偏执狂

他珍藏的秘密他把它们变成灰烬

再说不出口

灰烬还是热的

火靠回忆生存

幸 福

一颗未命名的大果子说
我感觉幸福
我躺在绿绿的柔软土地上
我感觉幸福
我躺在阳光灿烂的午后一片贴心树荫下
我感觉幸福
我躺在不远处淡淡花香的长发里
我感觉幸福
我可以将我说不完的幸福说出两三点
在骑车的路上　我听见时
顿时像一朵喷薄的花苞
在思绪的边缘源源不断绽放
幸福会超载的

我就是这样一朵花儿

被一颗未命名的大果子感动

云　影

我见过云的影子

草原的草上陈年的马厩奔跑

草原的湖上有人撒网鱼过桥

草原的风上一片斑斓

草原的马牛羊听不见雨声

天空很远　湖水很深

云很近　花瓣落在湖底

伸出的双手摘不到星星摘不到云

危楼停工后天上人有了人间酒楼

他们的云通灵

草原的云通灵

草原的云不吹长笛不吐半个仙字

我见过云的影子

裁成裙子定然飘逸神隐

隐于草原分不出大隐小隐

隐者至山至今未归

贾岛的旅途该去草原

没有云雾缭绕

只有云和它的影子

和弯腰的采药者

在一群绵羊中被混淆

风

风一无所有
忘了询问路人的名字
风的味道
随波逐流在事的味道
陈年老事　皮肤是灰
咳嗽几声　埃尘美了光束
风没有羽毛
赤条条来去　人生死时行迹
他爱他无法拥有的　有根的事物
却抛弃愿随他天涯浪迹的
他常转过身想念
住在他常住的地方
重复无可救药的爱情
风躺在水上

鱼啄破他的身体

他的破衣裳被太阳所取　所抛

越来越薄

站不住目光

所以风是看不见的

他爱它们的方式是让它们走过它跳动的心

空洞的疼痛

他爱世界他闭上眼睛

飘起来是因为轻

风一无所有

忘了问路人的名字

春　日

春日　荷水面
抽象画自成体系
钓鱼者不畏寒
观渔者不畏无果
草上有踏出的小道
远处有车马之声
风着呼哨寒衣
阳光已如暖流融化双膝

鱼竿倒影水中波澜成鱼的魅惑
雨后初晴石头还有三句的湿意

青烟描述岸边初醒的垂柳
水中的太阳是莲

微醺着光需微眯双目

天地间升腾起太阳的前王朝

这个春日温暖如画

容不得一只假寐的黄蝴蝶

山坡上泛起花儿如潮

春　上

你知道吗

昨夜色彩来袭　却在这片草地上

迷路

你知道吗

烟花哥哥的名字是火树

他妹妹叫银花

昨晚他们不小心

将名字遗失人间

你知道吗

我家的草儿绿绿的学会了飞

她说因为她看见窗外落满绿色羽毛

风　你知道吗
你说只看见我悄悄走过后
各色花儿就在春的流水上泛舟
我正从这河上走过

河

　　——给父亲

"女儿是水　在父亲的心里温柔"

若我是水　那定是一条河
流经父亲的村庄

父亲是教泉水如何在石缝汇集的引力
父亲是教溪流如何蜿蜒至河谦卑成谷的智者
父亲是教河流如何疾走赴海的先知
父亲也是与一条河交流的孤独者
也是站在村庄目送大河赴海的失落者

若我是河
游走在父亲的两岸
将向往海洋

可　若我是河
有岸的风景才是家
我的心或成为一条逆流的鱼
回到父亲的村庄

父亲已然是一条大河
是我作为一条小河的生命开始之端
只是我要求更美的海

雨　想

水有桥
树的倒影走断了
半湿的路面
眼睛般的温柔陷阱
雨漂泊海上
航行数日不见岸边

雨下了这么久
可花儿依然要开
冬春之交花儿不生叶子
花的颜色是树的颜色

雨下了这么久
伞下的暖空气

街边湿嗒嗒热腾腾的小店
热咖啡赤裸地坐着　双臂绕膝
一颗心像童话里澡堂的布帘子
呼噜噜翻腾着热气
能想到的　所有温暖的事物
愿在雨天想起

岛

晨雾煮开一座村庄
湿冷的岛稀落路人
两三日的雨疲惫了伞
湿嗒嗒的风晾不好炊烟
渔人成就了鱼的受难
鱼的受难日缺少一份祷告

那些从雾中走来的人没有油纸伞
雾里开的花儿不明身份
雾里的星空是混沌的河

我又抵达湿冷的岛
停船靠岸　桨早已遗失
岸上的光线一头低吼的兽

湿漉漉的皮毛滴水

楼房参差成一座城

屋顶酿成水面

远远的应听到鹭鸶叫

又抵达湿冷的岛

雨比我提前着陆

风之路

原来野花也是会散步的
成片野花从这个山腰散步到那个山腰
用了一年时间
原来野花也是会舞蹈的
在小路边　你进一步　我退一步
一步一春秋

风喜欢带着花籽们旅行
它从来保管不好任何物品
于是风过并非无痕
它的路在花之上

偶 感

在天空背面我看见河

桥的背面有弯弯的诗

鱼的背面服帖光滑的四季

水的背面放了一双冰的鞋

月亮是谁窗前的烛台

共剪灯芯　霜却是独自地落

夜皇后夜美人都是郁金香和你的名字

分别不清就有玉兰树总在寒雪日开

骏马和沙漠是一种东西

一笔一划地饮水　与奔驰

云烟和雨是一对儿恋人

三月的长沙我苦恼他们的悱恻

雾是孤单的骑士兄弟

记着城堡藏在山里

一公顷的降水换一公顷的麦苗
它们朝圣的方向不同
他们的上帝相向而居
对饮的都是世界的酒
我热爱大地不是背后世界的最后的人
尼采你不要与我为敌
我没见过你的鹰和蛇　　只见过它们的同伴
却在梵高的星空中见过你
和你的背影

野　花

夜的平原上走来野花的脚　　一片片一片片
风的声音　　黑色容颜　　黑色血液
渗入昼　　像幻术

木梳在走自己黑色柔和的　　千万条　　小路
脚不能再瘦了　　路也不能瘦了
我最终在镜子里发现自己　　出现的模样
像蜡烛在自己的小手掌里　　发现今生今世的音容笑貌
笑貌　　夜的笑貌　　被月牙说尽了

夜里　　走来的野花黑漆漆的　　我依然知道
该如何从梦中醒来
野花的裙摆尝起来沁凉而寂静
野花以太阳的背面为土壤　　夜色是太阳第二种光

野花赤脚站在我身上　　感到熟悉的睡眠的脉搏

太阳转头时　　让土地遗忘了赤脚的黑色花朵
也让我遗忘了去夜的梦境
于是终不能用白纸画出夜的花瓣
不是因为不熟悉　　而是画不出定时的凋零

雨　落

雨落
飞得很高的青鸟
咬得脆甜的青果

下在此地
彼处没有青草香

一些伞抹掉另一些伞的背影
相遇　路过　参差的目光研磨
亍行的雨没有悲欢离合

下在此地
彼处没有花瓣如舟

百种落雨的音色
用马林巴琴如何表达
一首清倦的歌
催眠了天使

下在此地
桃花的粉怎么噙上梨花的寒

见

雨如初见
镂空鸟啼

青苔的树　和
青草的墙

雾在梦游
山不远
光线柔软地睡眠

屋檐醒了
滴落的八音盒
凉衾小夜曲

枕边的木窗枢
望出去有森林的感觉

这些清远的事物啊
远远的树上开着高高的花
远远的篱边着色青青的果

墓 园

在这里　树不说话　花儿也不说话
泪都留给人类了
有我们思念的人　看不见的人
都住上了相同的房屋
邻居之间的对话
我们听不见
在尘世的山上　与尘世无关
这座山　旁边那座　再旁边那座
有着相同的心情　沉重的身躯
偶尔鸟儿轻快的几声嗓音
应该来自另一座山
翻过这座　旁边那座　再旁边那座

水 语

打开的门
有光的窗

太阳　月亮　星辰
搁浅在三月的海

耶和华园里同样的风
也在这里吹了一阵儿

一些浆果　花香
一些青草　土壤
一些云和蔚蓝的鸟

雀鸣　雀跃　雀无恙

水对风说　别来

无漾

可哪天的风

不是来即来　去即去

水对风说　别来

无漾

鱼的梦得安稳

柔软的墙在亮

春夏在太阳远足归家时长大

水对风说　别来

无漾

天使远离人间
——致《香水》主人公格雷诺耶

人间是地狱的天堂
是天堂的地狱
人类的爱恨是同一把火
人类爱天使的翅膀
爱到恨它们的羽毛和力量

格雷诺耶　你凭空皮肤
味道于你如
色彩于失明者
乐声于失聪者

你来人间为谁赎罪
爱你的人？恨你的人？
不同于主的赎罪

没有三日后的复活
没有万世教堂的歌

天使啊你不能离人间太近
人间柔软的地面是天使双脚可触的荆棘
人群化作兽群凶恶
那水那天消化不了黑铁滚滚
气味目的不忠而惶惶恐恐
格雷诺耶你该如蝴蝶
只在香水瓶上留下指纹
千万只蝴蝶做不了花园的殉葬
你在人间做什么呢

人们拥其所拥而眠
湿滑河岸坍塌半边桥的断梦
你在夜色中在旷野中做什么呢
金黄的杏儿香已经离小镇甚远甚远

格雷诺耶
你不要来人间
天地恋爱时你凌迟自己
愿风绕你空也的坟
烧不尽苦荞麦香的火

中　途

天黑得厉害
乌鸦不透风的密室
双颊雀斑的玉兰花
压低的天空的声音
灯困困的
在空雷中恍惚
窗子里有多少眼睛望着外面
窗子里有多少嘴唇像盛雨的器具
每辆车过　都如雨瓢泼之势的第一枪

可是书页竟渐渐的亮了
天地重演的黎明桥段
很好看

原来乌云没有到港
我是中途无为的海盗
觊觎它的货物它的船
像中世纪的城堡屯田
十九世纪的商贩汲金
不必要　却在预感中渴望拥抱

三　年

三年

海水

花朵成长

风短云长

帆

锚

远方的船要去更远的地方

回家的人回不去心里的故乡

二年

雀舌

小叶紫檀

水色水空

雨是沸腾的云

伞是花的卵
雨中蝴蝶迁徙

今生
国王
教皇
雨中空气闪着光
下不完的雨
游不走的鱼
回家
种树
落根成祠堂

年代步年代后尘
世纪接风世纪
三年后
五年后
雾中曙光是否还会如血绽放

血溶于水

光的

舞

烛 火

总是喜爱烛火
喜爱那一小撮单薄的火苗
跳动着
在黑夜的墙上
它可以唤醒房间里所有
沉睡已久的
它们的影子在墙上苏醒了
那样清晰地向我
讲述它们有心跳的生命

总是喜爱烛火
喜爱那种暖暖的光晕
在周围空气游动
它拒绝一切

包括我的手
靠近时,一大群小水蛇的牙
触碰到我　令我退却

它脆弱到总是通过小小的热度吓唬别人
风却很轻易使它丧生　或催眠

谁家紧靠墙壁的蜡烛
燃烧久了　墙上显现烛火的形状
一双黑色的祈祷的手

雨水一夜

他戴上帽子
躲避雨和躲避目光
他插上耳机
拒绝风和拒绝话语
他裹紧大衣
雪烧不到
他蹬上长靴
马儿在远方鸣叫　鸣叫

他推开门俘获一座酒吧
灯光和乐声照他弱小
也　照他高大
启瓶声总有种暗自的痛快
青幻的酒种植舌尖的毒

他慢摇慢摇
慢摇在荒野
酒吧是鬼魅的荒地
酒吧是荒地的夜晚

他打开门种下马
种下马长出玫瑰
一万亩良田被雨水击打
他愿在泪中灭绝
却醒于雨水一夜

流水淘沙

我是多么晴天
喜欢水
和水边的两三个人
远远看着
走来的小路的脚印
青草的国界

喜欢油菜花
成群的或单个的
喜欢风筝
放起来的
或　没放起来的

我认识那个卖风筝的人

冬夜里她是卖孔明灯的人
沿河走了很久
逆风顺水
路过河流是我

我是多么喜欢晴天啊
喜欢歌谣里的蓝天白云
可是为什么啊渐暗的天色里
余光看见了日落

我是多么喜欢晴天啊
喜欢晴天的风
和　雀的落点
可是为什么啊云在下沉
酝酿夜色后便不知明日天色

春 歌

长沙

11点33分　晴

11点34分　雨

春季时空

落着阳的夏

游着风的冬

你说不清这是什么季节

撑伞时收获了更多叶落

花和叶子都有香气

都新鲜地闪着光

伞嘤嘤的雨天

晴了就反潮在瓷砖　被褥

躺在床上像躺在水上
我不是鱼　拿什么做鱼的梦
你说不清这是什么地方

28摄氏度　三月十八号
18摄氏度　三月十九号
左右30摄氏度的四月初
多风多雨多云多风筝
飞了一万年还不够
你说不清这是什么情绪

湘江慢慢的像只有船在游
油菜花快快的像白鹭没有在飞
路过相似的花田
无非是记着曾经路过
还在这里落脚过
梦一醒风筝都变成蝴蝶了
线轴都缝了稻草人的衣服

我还站在这里
站在长沙的春天
面包店里唯独嗅不到的季节

你有两只飞走的鱼
我有两丛海棠用不用去桥上送送
鱼去不了哪里
一点红　两点红　许多红

君山岛

水草丰美

君山岛是水里　是草上
涨水时鱼会游在草上的　岛
下午四点　有余晖的味道
那些紧紧抓住太阳的　水
是上帝的选民吗
那被爱得刻薄
吻得细碎的
太阳　又是第几日诞生的
月亮　是妹妹
还是情人

来临　和　离开此岛

我坐了同一条船

同一个渔夫

更老了一些

大雁与青草

可比落霞与孤鹜美

飞蛾　谁没有见过

夜晚的灯下

落下的雨　雨亲吻我

盘旋的是它　它躲避我

应在洞庭之上看没有看过的月亮

岳阳楼的鱼尾檐说了太多谶纬

看吧　这楼将变鱼

所有近水的都将变成清凉的欲望

听说过海风

有没有湖风 河风

此时在我身边的是谁
下午四点的
岛

花儿落了

突然吹起风时
花儿就突然地落

春天的长发
还没到发梢
花儿就落了

突然的云抿住突然的星光
嘴角流下蜜
花儿不在家
它的蜜放在蝴蝶那里

白日里会有突然的鸟鸣三句
此时只有蝙蝠

夜的印章　亦　对折的梦魇
花儿突然地落
它的香还飘着呢

突然的人打开突然的门
叶子在身后飒飒飒飒的
烛火有两种颜色
花儿落了
前一夜它还开着
冷暖自知
此时　还知否

你

灯开的时候你觉得空气是暖的
灯关了你觉得有些冷
烧水的时候你想起童话里香喷喷的饭
水开了你想起舞蹈的烟
有月亮的夜晚你把很多微笑给了夜空
没月亮时你的沉思拖在地上
起风时你感到发丝偏执自由
无风时你觉得它们很爱你
看到叶子掉落你喜欢许愿
叶子落得太多你就走在季节里
猫猫狗狗路过你喜欢它们看你
它们看你你又开始忧愁路边的火腿店
伞撑开时你感受它抖擞了精神
伞合上时你比它还要困倦

毛绒玩具你私心那柔软像拥抱

旧玩具你拖拖拉拉带着它们逃避时光的潮

你喜欢表　但看不见它的转

你不会对别人说红酒杯的红舞裙越来越短

直至夜晚将至庄园里你偷饮了多少四季

葡萄藤蔓你挨着它们望见法国的城堡

夜晚将至小镇亮了你与冰淇淋约会

你知道的那些鸟儿和花的名字从来唤不来它们

也许重新命名不以人类的方式就能够你总这样想

用花的方式唤花儿　你想变成哪一朵?

你爱夏天从头到脚　从家门口的河到那座山吧

你爱太阳从光年到秒距　从今生的河到彼世的岸吧

你爱钢琴全是黑键的华丽

全是白键时你看见小天使

香水瓶打开你在香气的漩涡里

但你喜欢自己平静如镜　映风映云映小红伞

你没有的　小红伞

你多么爱这里

……
我不怎么认识你
都没有见过你
可是我爱这里
也爱你

山 遇

山上的路
都像长大的孩子
蜷缩着身体适应床的长度
消失在雾里的那一段做着什么梦呢

落花处抬头望不到先前的栖所
春天前半你们夜晚睡在哪里
一棵树的花儿似同落不同开
也曾在桃花园里结拜吗

不谙世事的是溪流的冰凉
它也不认识我
我怎能变成山顶的鱼
山坡的雨

两片恋爱的云
和挎着一只我的伞
山上若隐若现的
你叫什么名字
你从哪里来

降 温

突然的温降　总让人想到　流星
我的夜空中藏匿深深的　精灵
预报好的流星雨　只是为了不来
只是　用来期待
同雨　不麻烦了　伞

刚撤了厚被子
却又添衣
刚挂好了蚊帐
却又闭冷风的窗
醒来时需要怀疑
是清晨　还是深夜里
只听雨脚乱如麻
止听布谷鸟情歌万里

万里有云　云厚　星光薄

枫叶红了二度
确是深秋光羸弱
确是双脚踩在陆上
冷得很　又
暖得很
青草也这么说

魔　术

女子在河边挽好长发
裤脚
淌河约会那中央的苇草
诗经说完了秘密
荇菜水中游
心上人就只在心上走

斑竹的斑到底和湘夫人的泪有何关
无非是出世时没忘了前世的人
前生的事
可又记不清
那人到底长什么样子
那事因果云云
只留了风的甬道

风闭着眼都能躲开城堡的尖

有天这城堡若殁了

那里也没有风　也没有云

钟声的轮廓　就是一口钟

五爻的君王也常磨难呢

占卜者的手

解经者的舌

哲学家的眼

易经却从来都是它自己

任凭来者言语

天机不可泄露

愿你把诗变成一场魔术

最先消失的是自己

偏爱鱼

瞧这个字
有天上的云
田里的土
水里的波
适合出现在诗里的任意小节
无心的闯入
诗意地击打了句逗

瞧这个生物
水的皮肤
仿佛只有它能打开水的门
张嘴吃食时
紧贴水面
告诉我地址

我会邮信去
用哪边的鳍回信是你的事
可我一定要收到
在第二个阴云密布的下午
我的邮筒有湿漉漉的痕迹

瞧这些舞裙
鱼尾怎暴露昼夜不息的舞会
我认得出你们
在那些长裙的女子中
我不会跳舞
估计是由于没有你的舞裙

所以可否　可否借予我一日
在这池上的荷花都盛开的那天

蚕 咥

喜欢坐在窗边
雨落如蚕咥

桑叶在十年前一扫而空
此时雨故事了几天几夜

能否发明香水
命名为雨
走过那人
能否站在草上
伞醒了

叶子曳舟如虫的悉动

光线有正面和反面
叶子有光滑的背和深色的脸

雨越下越大
那些撑伞看雨的人
看不见树在长高

地面有条河
我刚随他走

窗边
雨落如蚕咥

与 雨

两边的树
雨天
河里的岸

房间
雨中孤独的岛

光线清冷
水风清凉
人言散散
雨言匝匝

草原上角马迁徙
屋里人单薄成光影

凉透作一层水面
谁来照影？

我来　我来
遂与雨同归去
天明时终于靠近太阳一回

缄　默

还没有下小的迹象呢
雨说

写了太多雨
就住在雨里

雨说
太长太长了
太久太久
要睡一会儿
落花潮湿的
最后一场梦

写了太多雨

就成了雨

我要停了
要停了哦

雨缄默　缄默　缄默
我听不见它说话了

天黑之后

航班　天黑之后起飞
像往深井中不断坠落
西安　明亮的　沉默的　从不挥手作别的
在发动机的轰鸣中伫立
或转身继续生活
或在一片云薄之后回眸

这井很深　深得月亮很亮
她在我旁边　在目光平视之处
可还是那么远
星辰像绸毯上落花　在周身　在脚下
可还是那么空荡
抬手无法摘取　曲身无法捡拾
像远远的寄来的影子

是不是尘世的影子是暗的
而精灵的影子是亮的

长沙还在下雨
一条湿滑的鱼游入雨中
一声再见还未落地
长安在千里之外灯火通明

立夏，只想为你写一首诗

立夏
只想为你　写一首诗

我们的窗子　我们的墙
我们的手掌
没有谁比它们更亮

用一根手指
画一棵树　绿色的头发
还有窗外那些绿灵魂的草

那些到港的风和起航的飞鸟
耳鬓厮磨着蝴蝶与叶影的侧脸
吻得热切吻得热烈疯狂

融化的云都是奶油滴在甜筒上

年年的夏日年年的光
年年的草长莺飞年年的短恨情长
你不懂夏日如烟啊青春如烟
可一整座寺庙都只记得它的味道

时光慢慢的

时光在日记本里慢慢的
树上的花开慢慢的
　月亮在夜里翻身慢慢的
风饮水饮花蜜慢慢的
蝴蝶翅膀扇动慢慢的
沉睡者的梦走来慢慢的
期待的日子慢慢的
平缓流水中翕动的石头慢慢的

在一个很热很热的下午我不知选择什么衣服
在同样的下午我遇到一个和你一样的人
昨日我换下长裙去江边奔跑
明日我将在哪里遇见花开
两个星期之前摆渡雨季的此地

几年之后会依然下雨
可几年后我去哪里遇见自己呢

表盘里走得最慢的是针
转了一圈回到原点
放走了跑得最快的岁月
我无缘再见它的轮回

等待的时间总是走得最慢慢
可却无法向夏日的树要来春季
日记本的最后一页还不了寄存的童年
我将过去写成诗
可诗里只掏得出无尽的未来

兵荒马乱的雨

屋里

读书　品茶　作诗

窗外　雨

忽大　忽小　走走　停停

突然的兵荒马乱

突然的平静

来不及收拾的残局

都尚有雨温热气息

人语混杂

如隔世的醒悟

今日雨　昨日雨　明日雨　明年雨

几辈子的雨

都有同样清澈的眼睛

屋里
读书　品茶　作诗
窗外
像历经朝代更迭
政变　动乱
一语成谶　一言落蒂
雨是马儿没有铁蹄
是乱箭没有羽毛
是军号剥离五音
是历史隐瞒记忆

屋里　我
像静止在雨里
像诺亚方舟上一只老羚羊
不见天明　不见陆地
吃草　听雨

天上正落下硌脚的星

梦见你开门出走时
天上正落下硌脚的星星
那些好听的名字
都在平常的场合
不一定需要五角的花　六瓣的雪

梦见我在山上
用玫瑰搭成祭台
风一吹就散了
玫瑰的刺扎破水
血流到河的下游
那儿有一群牧羊的人
和一只小羊
做这梦时天亮了

他们都回头看我

我也回头看自己

一看就全都想不起了

要不是那些浓妆的叶影

彩妆的花田　裸妆的风云

就不会这样模糊

像歌剧里只记得舞台

故事里只记得旁白

要不是这些摇曳的声音

颤动的光影

就不会这样想起

过去的梦

一个平行时空的生活

一次友好的交涉

你推门离开的下午

怀里带着花

它们祭拜过太阳

会在因因果果中好好长大

此去经年

天天天蓝
白云有帆
村庄没有大海

第一个爱上的人
是一把蛀牙

每支笔的第一句话
都要成诗
才不枉在岁月里嘈嘈切切
填补纸的空虚
用另一些空虚

遇到你时你在别处

后来所有地方都成了别处
那时雾在开花
后来所有雾都不再说话

晴天翻不开雨的日记
那把伞一丢就丢了所有雨天

越漂越远的长廊
和时光一样没有脖子
无法回头
看看板报画下的少年
一边吃钟 一边长高

呢喃的花有两种颜色
此去　经年
河坐在岸上看我们喧哗流淌

茶

一杯茶水里

我看见茶叶的前生

清汤寡水的大半生记忆

都住在绿油油的山坡上

最后的命运它自己都无从得知

是我的味觉

有时甜在舌尖

有时苦到舌根

有时滑得像一条鱼冲下瀑布

有时涩如农夫死守自己的土田

它在水中

踮脚站立　静静平躺　或慵懒斜靠

它到底有着怎样的一生
它到底想讲一个什么故事
用那种独一无二的色彩
和香水之外的历史
写一首永不荒芜的诗

最后一声温柔被茶宠记忆
遂体温渐渐冰凉
若多年后　你带着你的茶宠
去那些山坡
那些绿油油的茶园
它一定有所回想
若它拥有言语定会开口讲话
它一定叫得出它们的名字
使整座山坡蓦然回首
那些前世的春夏秋冬终于抵达

白　雨

瘦长的雪天
木桨拍水

刻薄瘦削的水
可以变刀

垂涎被杀戮的暑气
远远的白墙

近来不应收伞
胖乎乎的广玉兰不应开
被发酵的叶子
这下泛黄泛酒香

两只白鞋子

两条小舟

煮烂了比喻

旧事重提

白雨

白色幽灵的舞会

可以触摸　不可久留

它会吃掉空气吐出光

会打碎风的骨头

它还会写一万句的情诗

还会停

自 呓

每个睁眼的清晨
都忘了昨夜的样子
那个屏着呼吸
悄声站在我床边一晚的　夜
它的眼睛是什么颜色
我梦到了它讲的故事
可有时它会重新带走它
我就像帮谁照看了一晚宠物
第二天却忘了名字
起身时怅然地向空中抓着
用一种失忆般的枉然
和失智般的木讷
冬日此时周身是暗的
夏日是亮的

但都能看见熟识的我的意志

奔向我

然后我才想起我

即使你不说　也知道

挽不住的夜留不住的梦

都坐火车走了

这个时代有了高铁

它们依然乘火车

它们说只有火车能驶向深悠

月亮记不住瞬间的乘客

发丝缭绕成指间的烟

月亮说香烟不香

她总爱为凉飕飕的雨夜再脱一件衣

我一直不知道什么意思

像那个大声翻书的人

好像不仅仅在看书

还在享受　或是憎恶

这个世界上有那么多自言自语的人
收不好自己的寂寞

广玉兰

来到南方　认识的第一株植物
第一次树上开放让我诧异的花
牡丹芍药的大小　或者
再大一些
鹅颈的白　或者
再白一些
怎么可以
安静得如此响亮
怎么可以
在五月中旬就突然开满幕在南方街道

白路灯依旧在　但没有
路边的树高　没有
树上的花儿亮

麻雀　跳跃的瓦
鱼是排成队的
花儿是有族谱的
那么　玉兰和广玉兰
她们出生地在一处
后来为什么分离至
那么远的两方
又为什么
好不容易重聚在异乡
却永远间隔春夏的时差

看不见你　安静的模样
愈发安静了

不 测

星空　漂在湖上
远远的你　向我　挥了挥手
那些星星　就 一片片
沉入湖底

本来　看到你我就知道
你一定会离开
像许许多多明亮的日子
当太阳走进窗　我就知道
待会儿就是月光　站在那里
可是我依然对你笑了
像许许多多下雨的日子
我打开伞　又　合上

本来　感觉到你　在很近的地方

就知道　你正在离开　这相向而行的剧本

当我试图悲伤　像每个夏恰过中途

当我试图留住　花儿瓣瓣地在落

可是我依然偷偷哭了

像一朵好看的云　被风吹成

我不认识的样子

本来　路过世界和时间　我就知道

"得到都是侥幸　失去才是人生"

恐怕正因此才为偶然惊喜

但当你越走越远

我还是细碎成花朵遍野

所以　有时我说爱你

请别轻易疑惑　感动或愤怒

可能我只是有段时间没见过飞鸟
没见过月亮和蛙的白肚皮

潮

我梦见鲸鱼

然后梦见火

海很小　而鱼很大

在风中翻身的时候

海是细小被衾

屋上有檐

屋下有河

就很美好

鸟儿总在雨将停时开始歌唱

云告诉它的声音

哪一天我也可以听到

潮湿的南方
到处是蘑菇的故事
到处是相爱的人
栀子在开她的花

哪一天我来到这里
然后离开与河流与流云与青草
离开时记得这些石榴花
数不清的屋檐上
青苔怀孕了多少雨水的秘密

夏不坐木

太阳那么亮　我就坐在
离门最近的那把木椅上
椅背冰凉　笔直　所谓
夏不坐木　凉
因为　打心底里　都想长出青苔来
与太阳　我隔了门槛
闭上眼睛　吹起了风
然后怎么的就开始下雨了
从第一滴水到大海　只要一瞬
那儿有位圣人吗
有声入心通吗
我就坐在　离雨最近的那把木椅上
见证了这些雨的悲欢离合
这场戏落幕太快

半首诗看不去云云草草
这雨持续了二十秒
像爱情也曾出现一两天
这尘世的尘那么浅
为何情却要用得那么深

雨无伦次

今天的雨使我想起高速公路
来自的远方和要去的远方都模糊
上车时蒙蒙细雨
下车时还是细雨蒙蒙
它除了睡眠的意境
什么都没有施予
去过的地方我都忘了名字
要去的地方我还尚不知情
车窗玻璃上还是那双眼睛
窗外却流去光年

今天的雨使我想起雪
数月前它们也是这般不经心
散乱了我撑伞的专注

该不该　打开

用不用　只是拿在手上

像宣布　我是一个准备好大雨随时的人

可是它没有下大

像那场雪不了了终

想不想　和　去不去

从来都是两回事

蘑菇原也是朝花夕拾的施主啊

打糕的人

敲碎空气

运送鲜花的飞机

一定是蝴蝶做了个梦

小雨　港口那边

刚刚到了货船

虹是天上的桥

最后一次见你　是在梦里
那天下了很久的雨　终于停了

怎么会呢　你说
橡树种子怎么会开花呢

风吹我　有时
只有这样　我才发现
自己坚定地站着
雨淋我　才发现
自己比雨水温热许多

怎么会呢　你说
云怎么会留下草原

马蹄怎么会远离河流

又仿佛生活本是如此

一万只鸟飞过　　天空

没有被揉碎　　没有

多余的羽毛　　没有

鸟鸣　　打断我们的对话

只有光线　　是真的从天而降

我的墙上　　短暂的飞鸟的翅膀

然后你说　　怎么会呢

穿过林间的翅膀　　就和

穿过流水的石头一样　　会变化

所有的翅膀都变成了信件

我依然　　收不到你的那封

怎么会呢

虹是天上的桥

白天不见银河

你的桥　渡了哪儿的水

我的水　淌了谁人的桥

这世上有那么多苦难的诗

他写那首诗的时候
那首诗在吃掉自己的后路

他落笔的时候
那首诗告别纸站台开始流浪

那首诗有时搭乘报纸
有时乘坐杂志
被不同的人浏览　也
浏览不同的人与事
从那些人的眼睛　以及
乘一辆列车的诗文
是乘客　也是同事

有时被认真抄写　　也可能
被匆匆翻过
目光的不同温度她说得出好几种
她找不到自己的作者
写不出自己的去路

这世上有多少流浪的诗
想重新成为一滴墨
画成稿纸上一只小猫
在一沓稿纸中间
历时
却不历事

诗不想像他一样累
诗想笑着
他却让她哭了

梦

曾经我相信

海会站起来

天空会浸染成海的颜色

鱼会像好看的花纹

回到天上

那时天上落鱼

人们不打伞

烧完最后一撮灰烬

再没有一朵玫瑰因血而开

没有一只夜莺为啼而亡

你是退一万步的海角

把岩石变成风

可没有鹿的角记得你

它们吃掉盐巴与信件

白皮肤的雪埋好你的祭奠

所有梦不过是为了

索要一张天亮的门票

所有睡眠不过是为了醒来

即便如此

还有人在青草上数马蹄

还有人用鸟儿的影子作诗

还有人举着火把画冬天的寒冷

还有人用星光灼出疤痕

还有人雨天雨地雨风雨云

我要歌颂那个指引海洋起立的孩子

不需要船　也没有灯塔

海中间有岛就有门

有鲸就有鱼的双膝

那时我听不见你的歌声

看不见你的诗

一万年后会专程有阳光赶来看海

我需要多久走到太阳

海上没有桥就要多久

因为浪的天空不可剥夺

回到我的梦话里的我听见猫头鹰叫

夜的树木自黄昏起疯长叶子

全部凋零于曙光之前

自愿如墨入土

这下可好了

清晨睁眼你将看得见自己

你的梦境看得见自己消融在光线下

如冰凌

而枕头旁本就散落

梦境的墓地

和生死一样　钥匙不在你这里

今夜愿拥哪支梦入睡

不必担心在夜里她

将你刺杀

最多是泪的说辞

它没有一匹好马

然后你才发现自己并没有醒来　或是

醒在梦里

星星都是哑的

月亮都是寒的

你不知道为什么

可天还是亮了

今天清晨我醒在诗里

今天清晨我

醒在诗里

所有近处的远处的诗句

都在对我大声呼喊

似昨夜有雪崩

他们从家里出来

站在阳光明媚的大地上

掺杂花的呼吸

沧海横流的清晨

想起了什么　又忘记了谁

从来不是清晨的错

也不是你的　我们的错

像坠入鱼群

密密麻麻都是诗的首尾

请原谅我言辞闪烁

鱼群中我没有耐心

抓住任何一只

又不忍用网

伤了谁的鳞

我没有将大坝筑建

怎会有诗的溃堤

我没有建都于城

怎会有诗繁殖如霓虹

你牵着那虹

那天上的唯一的虹

在大地边缘行走

没有看悬崖之下

全是虹　像一层落叶

像我们所珍爱的珍爱的东西

这世上的东西

都会随水流走

流走

算不好几步之后

画地为牢　或自掘坟墓

都是前生或来世的事

都不是

人群此时会相信的借口

那些大声呼喊的诗句渐渐静了

鱼群渐渐散了

我没有丢失一场盛宴

也没有俘获一场飓风

诗不可被拥有

愿今生你我同坐

岁月是一条透明的狗

岁月是一条透明的狗
疯言疯语　横冲直撞
从不透露给行路者正确的预言
为赶上最后一口稠酒
跑得飞快
将路边摆设撞得粉碎
那摆设在人间还有别称
叫梦想
它没有醉　酒从不醉人
梦是酒精的鼻祖
至今配料不明
占了三分之二空气
与氧气平起平坐
拉时光的爪子

它的表情都是我写过的故事
贪恋时光　即使
打过很多次狂犬疫苗
依然无比期待某个转角
遇到一条狂吠的狗
用一生让它安静下来
没有臣服的岁月驯化的主人
只是我们都静静走着
再不惧怕失去什么

你会一直唱歌给我唱到白雪茫茫

天上一个月亮两个月亮三个月亮舞蹈
星星仅此一枝又暖又亮绽放
夜空下你坐在风的船舱用萤火画画
有时有时芦苇只是香草只是烟火惘惘

江水凉凉向东向远不向上下
水花娉娉白日是鹭黑夜是蝠呼啦啦尖叫
你站在江边一些石头就不会不会被浪潮隐藏
手边脚下没有莲荷也没有没有鹬蚌
你的陶埙声音杳杳洒洒悠悠扬扬

打开窗子你说花儿开了雨儿走了但是你会留下
你会一直唱歌给我唱到白雪茫茫　唱到秋去春来
树木开始生长

后来后来很多花园还没来得及种下
蜜蜂蝴蝶都已朝你所栖所息之处觊见
那时的我若记得你是否就能想起一座童话
愿我微笑微笑岁月不迟不早静好

何所冬暖　何所夏寒
——念屈原（组诗）

1. 离

怎么有那么多的花儿
那么多的香气
我不懂　远古的花名
想象不出　她们的样子
和你坐在一起
被你亲近又远离
以梦为马　你的马
往返天堂地狱
你说要走　可欲言又止
欲去却留　你
关上身前的门　身后的窗
选择坠落

我真的不认识

你的花儿　和

你的历史　你的异国他乡

如今只是两地

流着同样的河

粽子叶儿的香味许是

陈年　泪水就是这样清损的憔悴

2.歌

十个神

十一篇礼赞

数十座祭坛

千百次祭奠

你为他们写了歌

歌里如何有自己的故事

恋人未满　明亮的

不得相见的远方
每个神都是那样高高的闪耀
深深的悲怆
人性的　你的神
太人性的　你

后来的后来
你与你祭拜的神站在一起
是否能想得起旧事的楚地
吟得出人间的辞赋
会不会又是一声轻轻的长叹
那我愿你　再不提起过去
再不想起　你曾见过汨罗
这江水是远远的神话　它宁愿
流着泪忘了自己的作者

3. 问

你恐怕只是厌倦了
诗经里现世的工笔
你说了除了楚国　心中
本有星月山河　除了君王
本有鸟兽虫草

过去你一定去过远方
去过冬暖夏凉的地方
世界的背面　可尽是天机

你从神话中来
却要到理性中去
要从日中取出火
月亮夜夜由死入生
你打碎了自己的出生地
然后你要去哪里

天问是否泄露了天机
是否泄露了你的宿命

天问呦天问
从天而问　问之于天
或许你自己都不曾奢望
亲耳听见回答
身无法亲天　却可亲水
你将自比为雨？
东君携汝近天意
那些问诘
你都要亲自求索

而人间再未听见回答
华夏流传谜样的血

4. 章

你多次说要走
可归来永远比出走多一次

肉体变得很轻
是因为离故乡太远
也由于同样的缘故
忧思变得很沉
而夜越等越久
路越望越长

乱曰总是尾声
你要倒多少苦水
神话里都流出血泪
是谓神鬼是谓魑魅
没有谁救得了你

你是船却丢了彼岸
气息沉重却仍在鞭笞灵魂
章末总是溃堤的决绝
一杯浊酒入肠暗世依然未明

你是一个人弥彰了时代的悲剧
奈何不了感时花泪鸟惊心
等不得人生长恨水常东

5. 游

你确定　是
人在游　还是
神在游？

摇转成四季
摇转成晨昏夜幕
可是你会回来

因为狐死首丘的缘故

法门终成空
你饮完花露桂树
扶桑　若木
轻骑过句芒
彗星为帜　雾为波涛
你的座驾　于我
永远未解

你穿梭于自己的形体
终把人穿成了一件衣服
许是这薄衫碍了你远游的路途
遂留它在江水中涤荡
你呢　你的游历之途已至哪一站
也许多年后我读到一地域为名的辞赋
又是否能在一精致的"兮"字中与你重逢

6. 卜

此次
你想起了人间的太卜
再次端策拂龟
再次通灵远古

已知的世俗轻蝉翼重
已知的千钧为轻　黄钟毁弃
你又何必专程赶来
占卜卜官?

也就仅此次
蓍草不言　神龟无答
虽曰卜　实为心中感念
答案或已倒背如流
何须千年的龟　百年的草
去说破更为坚决久远的心意

你只是这么一卜
纵卦画不当位　龟甲裂纵横
你依然是你
大义依然是大义

7. 渔

一定是缺乏朋友　在身边
或是信件用了大半辈子时间
颠簸在路上
你才会　虚拟出这么多人
陪你说话　在纸上
从天神到地鬼
神职到草夫
都被你质问过

白衣长缨

你赤脚履沙
江水清清却与你无比
江水浊浊也与世无争

其实哪有什么渔父
不过是一愚夫对世事的责难
流传了万代

其实你才是
醉得最深沉的那个

你的水遁与李白不同
他醉于酒　　你醉于世
只是醉里梦里
都销毁了身后的日子

再　找不到你
和你的白浪

悲莫悲兮生别离

短短几千年　依然

悲得凉　凉得慌

8. 魂

当王已逝你为魂招之

抛下自己的苦难

只歌颂人间之颢景

当独留王一人你为魂招之

再说不出怪责愤懑

也许健在就是唯一的好

你不懂　这样的酒肉人间

剥离了精神　并没有

你的神话　讲得动听

遂招魂之术大抵是舞蹈

有始无终

缘何招之　缘何艾之
你放逐自己的魂魄
又有谁为你击磬楚些
若你听晓之后仍不归来
怀王也必行在路上
东南西北的地狱
都随身带上！
不归　不归
金樽美人回首成灰
怎直面市侩苍苍茫茫

太阳从花变火　从火变烟（组诗）

1

你从怀里掏出星星交换树上的火
不是彼岸的落脚只是浮木　沙洲

花吃掉风和叶落　说
别处还有　我
做了个很长的梦

梦里也没有彼岸
旅者哪有什么终点
跟随船的甲板　我从飞鸟变鱼
你从冰变雨
太阳从花变火　从火变烟

整个世界开始在暴雨中
狂奔豪饮　一场午睡的时间
云碎出　玻璃声

还愿意继续沉眠是我
睁一只眼看世界　闭一只眼念自己
可从来做不到　想自己是人类
如何漂在水上
就如何悬在风中

你也一样
退一万步
倒亲近了些

2

雨刚停
黑漆漆的山上都是

云的灵柩
大河一边朝东一边天葬
因为水珠儿一直在蒸发
水葬江里的鱼
越来越信佛
谁也阻止不了人回去自然
太阳从花变火　从火变烟
风鸟花月草木虫蛇之躯
搭上幽灵的矛盾体
就过了一生
在人间
烟火既非烟也非火

我的灵似种了些花园
呼唤我记得每株花草的姓氏
春夏秋冬他让我看山看河流
看月亮如何漂在水上
就如何悬在风中

一条大鱼

我的每片鳞都是一首诗

被你拿去

十二月（组诗）

一月

风微冷　光微漾
人为的开端

烟火的时节　月光收集不到的宝物
小猫头鹰说　火　彩色的火
熔化夜色为彩色的油

河走了　留下它的岸
不了解冰下的暗流与鱼的迁徙
但总有新的鱼来

一月来得仓促

一页怎么撕也撕不掉的日历

一月来得唐突

一阵怎么寻也寻不到的腊梅香

一月来得熟悉

一位我过几次生日　见它几次的旧交

开始吧　开始吧

开始的圆舞曲没有暂停键

它何时停过　何时停过

在深悠悠的日壑夜崖中

二月

带梦字的钢琴曲总是动听

乐谱卷着琴键如河　流经眼前

不必打听它的前世来生

望不到它来时的路　听不见它要去的海

心最擅尘封

湖里圈养星光

八年前洒路上的石头

变成天上人言中海底的斑

一辈子心用得最旧

系铃解铃的绳索

铃响次次　紧抽或释怀

碎碎念的烟火没有根

碎碎念的雪花还要回去

碎碎念的我碎碎言语碎碎笑

碎碎往事获得碎碎的宽恕

再次被完整的一年度过

我们是商品被光阴消费

面前的河流别问它去哪

同一辆列车运载的历史

三月

夜浅浅惑着窗里梦
没有一支满足于仅坐着
梦喜欢四处走走
春天才是落叶的时节
树上树下被写成书中的两季

猫咪彻夜叫着
诗人今晚终于放弃了书写情诗
成沓的稿纸浸着泪
没有一首长出羽毛飞到该去的地方

月光下柳枝小心点画叶子
鱼吐了两个泡泡
发现它们游向月亮却打碎了她

应该如何措辞

春天半截埋冬季半截裸露夏季
一夜醒来窗外的鸟叫如夏

梦境往往不会让你记住它的所见
三月往往经过而我未闻

四月

见过雨见过你
柳色轻轻微抿着嘴沉默在惺忪的湖岸
见过雨　落在唇上　然后你打开伞
见过伞见过你

见过雨见过你
湿哒哒的刚解冻的暖风皮肤冰冰的
见过雨　落在睫毛上　然后你抬头
见过你的眼睛见过你

见过雨见过你

雏鸟的叫声六弦琴的最高品融化的冰凌

见过雨　落在面颊上　然后你用指尖拭去

见过你的指尖见过你

四月总有燕燕在离开南国

四月总有牧童指你去梦中的村落

四月总有酒香在旷野

四月总有风在飞灰灭烟

见过雨不再见过你

四月没有复活节

记忆叮叮咚咚弃岁月而去

五月

那天打开门　听见花儿的笑声

花儿乘船　从门前的河里划过

花儿骑马　越过坎坷的山坳　在不同的树下落脚
花儿坐喷射机　云中痕迹带着粉微醺
花儿在漂流　遇见浪花学不会它们的凋谢
花儿打开地上的窗　黑暗的眼睛比光明缤纷
花儿在作画　画作如生命无计可循
花儿在我的琴上　某个柔软的高音打开一片花瓣
花儿在酒杯里　醉了醉了　醉了

树的年轮里花儿只走一圈
无法越轨看看别处风景
花儿是相片　永生在别人口中的一瞬
花儿是年轻的季节

打开门　听见花儿的笑声

六月

水以莲　风以荷醉人

明媚的眸子里三只跳舞的野裙子
世界将要拉开的序幕
壶盖青唇微启
水在沸腾之前不谙世事的浮躁内敛
都在六月的歌里

几句不成曲调的哼唱
涟漪已旋转成唱片

不是刻意待在树阴下她却裁剪了我的裙裳
长袖长裤都走回了童年

我站在树下　屏息夏季的靠近
他在我的感觉里
具象从二十二号的立夏开始
抽象却在光蝉花雨中截止

我为他写过很多诗篇　　仿佛在梦里
一半的雨停泊世界容易放晴
我由一半的夏天构成
另一半在暴雨中淋湿至今晾在屋外
用来体悟其余风雪世故

七月

闪电下有多少花园在举灯怒放
雷声湮没了多少花瓣撕裂
暴雨中多少人抬头啜饮　　多少人嬉闹奔逃

一盏台灯一个人打开它歌颂它们的孤独
一盏月光一盏路灯下尽是约会的人和花
影子的幽会从不计较时间空间或物种之别

钟和日历都爱上了自己
因为自己带来的好时节

我在水边走水里有风我有婀娜

花在弹鸟儿的曲子却不知这些话是对自己说的

大地疯狂作诗
付之一炬或流水都太可惜
所以将它遗传

于是太多天机泄漏
我只撷取几滴
写了很久

八月

七月流火转凉了八月

搅浑河水的星空

叫醒了鹿　惊走野兔和飞鸟
鹿眼魔烁　草丛里有会尖叫的石头

泉水在山里鬼鬼祟祟移步
茂盛的野草纷纷拉弓
拉满弓　也无箭　野花鼾声如月

远徙的大鹏鸟仍在远徙
天之大无浪花触礁
土拨鼠夜夜忧歌
未啃食完的草叶泛出霜的阴谋

七月流火转凉了八月
大火星转身抛洒了漫长秋寐冬宿

流火总莫名使我想到漫天流星未曾见过
一只恐龙也未曾在日记里记录清楚

九月

起风了
开始有些凉
老虎在树后变戏法
收不起的短衫和找不到的长衣
都在街上被咀嚼着

下雨了
开始有些伞
该不该打开
伞听不见的雨声可以切肤
没有党派之别
只是一些想睁着眼睛　另一些想闭着

世界的天空薄了
云在化　叶子在落
世界的大地在采摘后比天空薄

所以不开许多鲜花了

东篱下门庭若市
不知千年前的秋色同否
南山在水洗的光阴里清晰依然

十月

几只野天鹅梦见世纪前的城堡
几个人想起童话
旧钢琴忘了自己的语言
鹦鹉毛想起喧闹的谷壳
几朵野玫瑰用夜莺的歌酿好了酒
几架纺车催眠了美人
然后是风从高高的天穹流下打凉耳畔
云在深深的低谷轻轻涣散
蟋蟀都累了　它没有想食物的事
知了都哑了　它没有想衣衫单薄

流浪汉盘算着盘缠度不度深深秋
明日还要上街　偶遇温暖的纸币
再说一句那边就有人生火了
诗集丢在火里
一把惊世骇俗的柴
魑魅魍魉在夜道上吟诗
十月悠哉暗哉静哉

十一月

独角兽的角
闪着光
十一月
独角兽成群跑向大海
海上泛起白浪

麒麟的牙
闪着光

十一月
麒麟在常青树林中时隐时现
树后飞快转移的萤火

鲛人的泪
闪着光
十一月
对月流珠
涔涔白石头频频打滑
险些滑入冬季

其实十一月哪有这么多神秘的事物
烤火者半酣的梦呓
火苗嘶嘶的
它认得唯一的兽

北风有骑兵的气势
当年西罗马帝国也是这样不敌寒意

十二月

白马跑过额头在夜里清醒
抬头惊诧　我们居住在如此深的水中
谁在岸上掷下流星　这打水漂失败的石子
大概因为水面结冰　我们这里风小雨小

飞矢不动　河也不动　仁者心动?
离坚白　子非我　白马非马?

老风水师离开老宅隐居山里
山里山外同样叶落无名
屋前屋后鸟啼多于人语
酒要见过月光才狠下心沁凉
风水师算山算水算不出宿命

一群小孩子奔跑着下坡一整年夜故事破碎
一群老人搀扶着上坡成为一生故事

鱼在湖水里河水里我非鱼
我在世界的水里光阴的水里
摆动尾鳍扭动身体抬头问你
我们是否还会相遇
是的当然　再过一年的风花雪月
但看到便意味即将路过
十二个月无外乎
万物于我无外乎

十三月

说尽了人类的月份
还有世界的月份
不了解却熟识的月份

做过梦
在日光中幻想月光中祈祷
背对着目送过逝者

只看到能看到的亦如听到想到

留下这些在十三月

我们自己回去了

于是

十三月的河是十二个月不必流的泪

他的风吹拂幻境与死亡

他生活在我们遗忘了我们无知的宽容里

他的时空扭曲着因而无限而不可遐想

十三月许是外星球的季节

他许是从我们抛弃的废墟中重建的一座王朝

他许是历史的归处是人类光阴的巢

他许是总在嗤嗤发笑因为逃脱了人类的定义法

我一直相信

人类之于自然如地球之于宇宙

我为十三月预留了空白

活的祭奠　刚刚转的笔锋

因他是不一样的王　我曾遇到过
并深深敬重
因总有一天我的岁月及所思所想都将随他而去
我本人　也将与他为伍